Christa Baumann / Stephen Janetzko

Hundertjahr - Ein Zwerg in Not.
Mein selbstgestaltetes Bilderbuch vom Zwerg

Ein kreatives Selbstmal-Buch zu einer kleinen Geschichte über Freundschaft - ergänzend mit passenden Faltanleitungen und 5 Liedern

I0171092

Christa Baumann / Stephen Janetzko

Hundertjahr
- Ein Zwerg in Not.
Mein selbstgestaltetes
Bilderbuch vom Zwerg.

Ein kreatives Selbstmal-Buch zu einer
kleinen Geschichte über Freundschaft
- ergänzend mit passenden
Faltanleitungen & fünf Liedern.

Christa Baumann (Text) und Stephen Janetzko (Lieder)

Christa Baumann / Stephen Janetzko

Inhaltsverzeichnis

Vorwort

Das ist die Geschichte von Hundertjahr, dem Zwerg.
Vielleicht hast du das Buch schon durchgeblättert und dich
gewundert, dass die Seiten leer sind.
Nur am unteren Rand ist die Geschichte abgedruckt. Ein
Bilderbuch ohne Bilder? Ja - bisher hat es noch keine Bilder.
Aber sicher hast du Buntstifte und ein paar Faltblätter.
Ein Erwachsener zeigt dir, wie der Zwergenhut für Hundertjahr
oder wie ein Haus gefaltet werden. Du klebst sie auf und malst
die Seiten bunt aus. Du kannst auch ein Stück Stoff zu einer
Sonne oder Pappe wie einem Stein zuschneiden und aufkleben.
Oder du streust ein bisschen Glitzer in einen Tupfer Klebstoff.
Dabei kannst du immer entscheiden, ob du ein Tier oder einen
Gegenstand falten und aufkleben oder ob du lieber malen willst.
Die Seiten bleiben so lange leer, bis du sie beklebst und bemalst
und zu deinem eigenen Bilderbuch machst.
Niemand wird das gleiche Bilderbuch haben wie du!
Vielleicht magst du es auch verschenken?

Christa Baumann und Stephen Janetzko

Hundertjahr - Ein Zwerg in Not

Eine Geschichte von Christa Baumann

Gemalt und gebastelt von:

_____

Ich bin heute _____ Jahre.

In einem kleinen Haus wohnte ein alter Zwerg.
Er hieß Hundertjahr.

Und warum hieß er Hundertjahr?
Genau! Weil er schon über hundert Jahre alt war.

Hundertjahr wohnte schon seit ewigen Zeiten in seinem Haus mitten im Wald.

Sonntags besuchte Hundertjahr seinen Freund Hüpf.
Jedes Mal hatten sie sich viel zu erzählen.
Bevor Hundertjahr losging, packte er ein Taschentuch ein.

Heute wollte er Hüpf ein Buch mitbringen.
Er klemmte es unter den Arm und ging los.

Vor der Haustür blieb Hundertjahr stehen. Es war seltsam still im Wald. Nicht einmal das Knacken eines Zweiges war zu hören. Kein Vogel pfiff sein Lied.

Der Weg zu Hüpf war nicht weit. Nur ein Stückchen durch den Wald, dann über die Wiese bis zu einem kleinen Bach.

Rechts und links des Weges wuchsen bunte Blumen.

Komisch- jetzt hörte Hundertjahr ein aufgeregtes Pfeifen. Er konnte keine Melodie heraus hören. Es war eher ein lautes Durcheinander.

„Rab, rab, ein Glück, dass du kommst!" Hundertjahr blieb stehen. Er suchte im Geäst über sich den Vogel, der ihn angesprochen hatte.

„Hallo, hier bin ich! Direkt vor dir!" Tatsächlich! Vor Hundertjahr
saß Schwarzfeder, der Rabe.
„Komm mit, trödel nicht rum! Hüpf braucht deine Hilfe!"

Bevor Hundertjahr nachfragen konnte, hüpfte der Rabe vor ihm auf dem Waldweg davon. Zwischendurch flog er immer wieder ein Stück. Der Zwerg konnte mit seinen kurzen Beinchen kaum mithalten.

Dann hüpfte der Rabe seitlich ins Gebüsch und verschwand. Hundertjahr kämpfte sich zwischen Farnwedeln und kleinen Tannenbäumen hindurch. Es ging steil bergauf.

Fast wäre der Zwerg mit Hüpf zusammen gestoßen.

„Hoppla", japste Hundertjahr. „Was ist los?".

„Ich habe mir den Fuß eingeklemmt. Ich wollte in diese Höhle klettern. Dabei hat sich ein Stein gelöst. Jetzt komme ich nicht mehr weg."

„Warte, ich helfe dir!" Hundertjahr versuchte, den Stein zu bewegen. Aber er rührte sich keinen Millimeter.
Der Zwerg strich über seinen grauen Bart und überlegt. Er jetzt nahm er die Vögel wieder wahr, die in den Bäumen saßen und laut krakeelten.
„Seid jetzt ruhig, im muss nachdenken", rief Hundertjahr nach oben." Dann wandte er sich wieder an Hüpf.

„Kannst du den Fuß aus dem Schuh heraus ziehen? Ich sehe gerade, dass der Schuh ist nur mit der Spitze unterm dem Stein verklemmt ist. Komm, versuch es einmal! Nein warte, ich kann die Schnalle öffnen."
Hundertjahr nestelte an der Schnalle, bis sie sich öffnen ließ. Dann bog er den Schuh am Schaft auseinander.

Die Vögel in den Bäumen hielten den Atem an.
Ob der Zwerg es schaffen konnte?

Hüpf zog seinen Fuß vorsichtig ein Stück nach oben. Tatsächlich, er rutschte aus dem Schuh heraus! Noch ein kräftiger Ruck, und schon fiel Hüpf nach hinten und kugelte den Berg hinunter. Erschrocken schaute Hundertjahr hinterher.

„Hoppla", hörte er Hüpf rufen. Und bevor Hundertjahr lange nachdenken konnte, kam Hüpf auf einem Bein zwischen den Farnwedeln empor gehüpft.

„Danke, Hundertjahr! Du hast mich gerettet!" Hüpf umarmte seinen Freund.
„Das war nicht schwer. Aber warte, ich hole deinen Schuh!" Hundertjahr zog den Schuh aus der Spalte heraus und Hüpf zog ihn gleich an.

Bevor sie sich auf den Weg zu Hüpfs Haus machten, erinnerte sich Hundertjahr daran, dass er seinem Freund ein Buch mitbringen wollte. Er entdeckte es, hob es auf und nahm es mit.

So kam es, dass die beiden Zwerge wenig später vor dem Haus von Hüpf saßen und sich das Buch von Hundertjahr ansahen.

Einer der beiden trug einen schmutzigen Schuh – aber das war ihm in diesem Moment egal. Er würde sich später darum kümmern.
Hauptsache, sein Freund war genau zum richtigen Moment vorbei gekommen und hatte ihn gerettet!

Faltanleitungen

Zwergenhut aus buntem Faltpapier

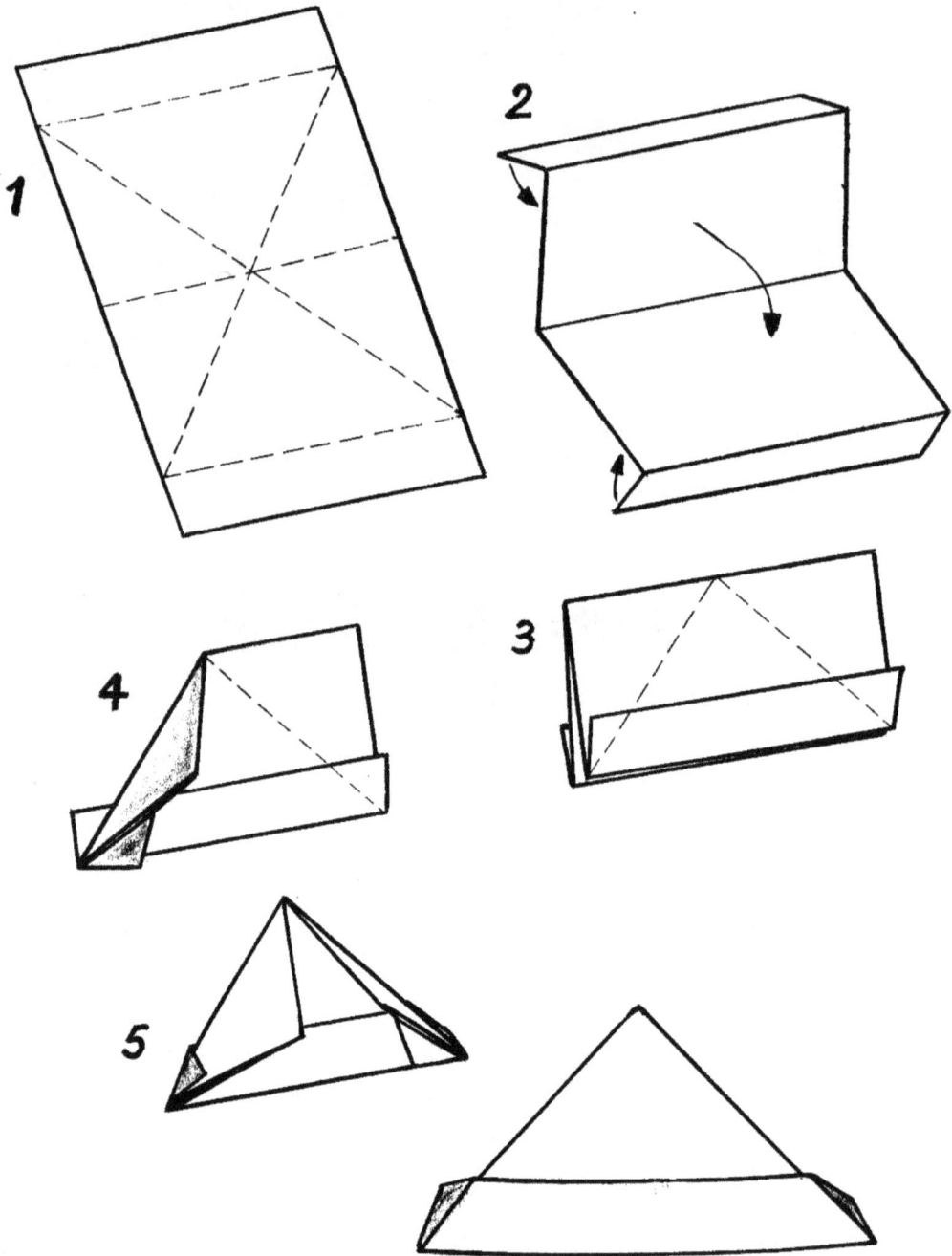

1

2

3

4

5

Haus aus weißem Papier und bemalen

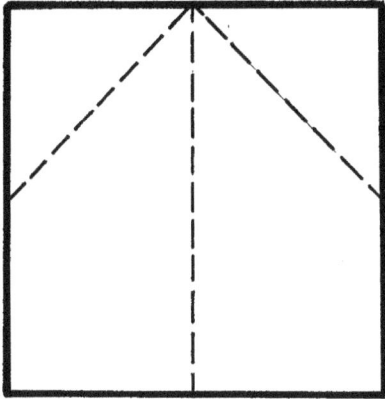

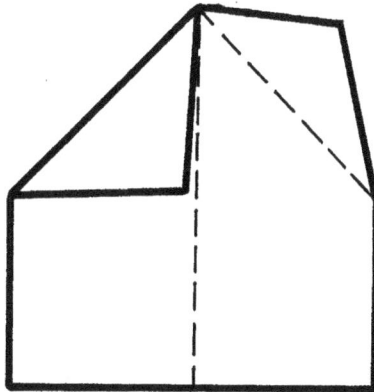

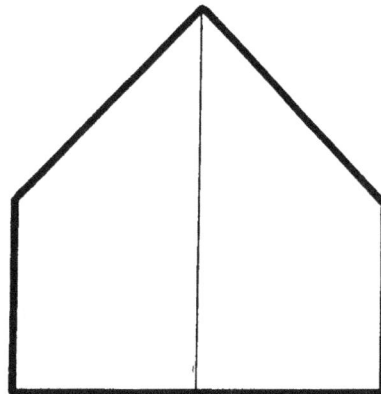

Taschentuch aus weißem Papier

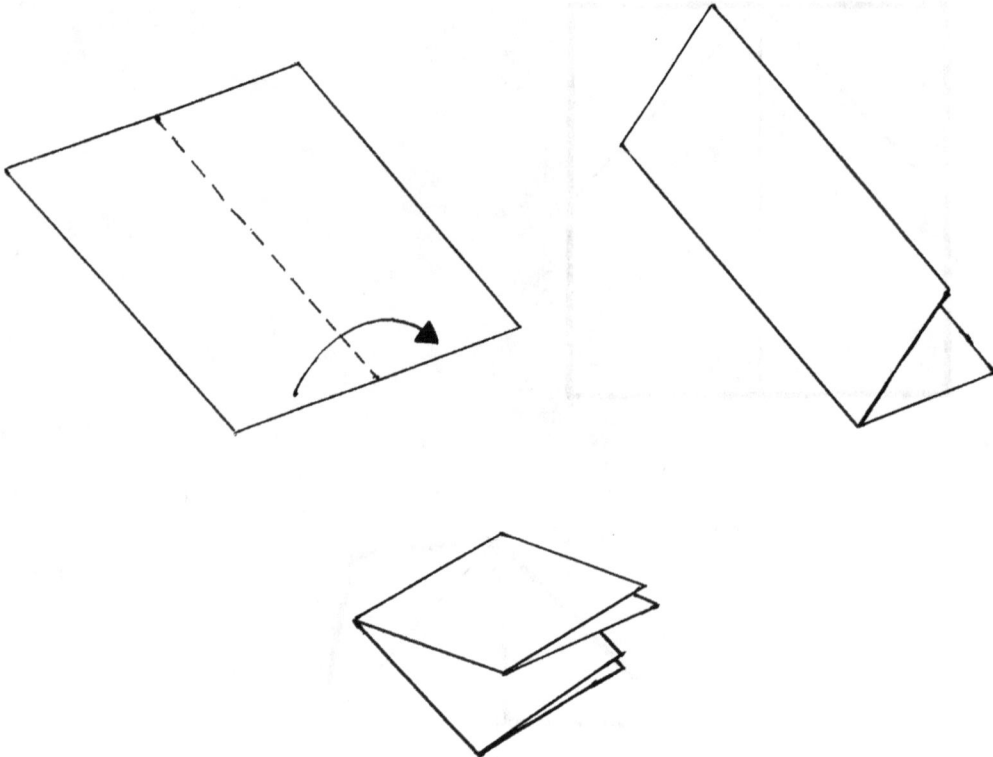

Buch aus buntem Faltpapier

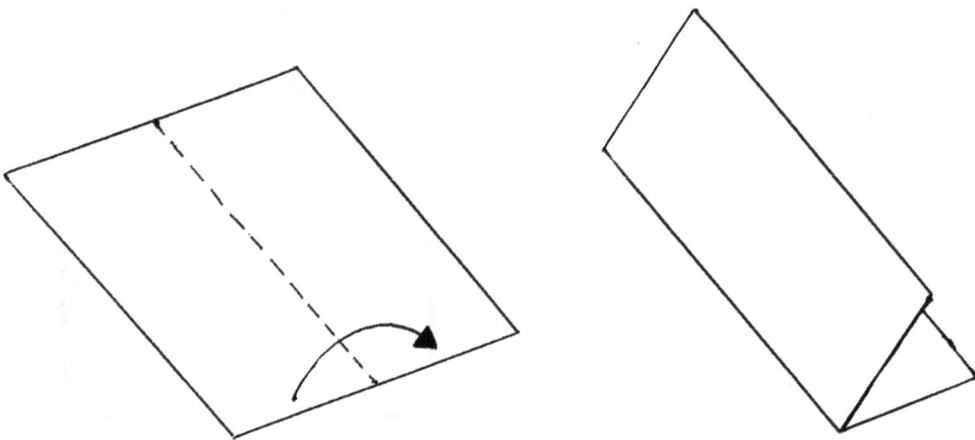

Blume aus buntem Faltpapier

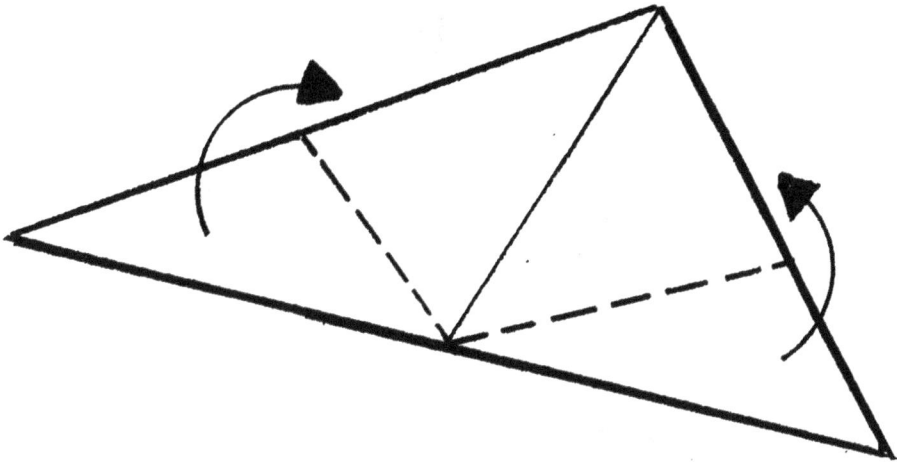

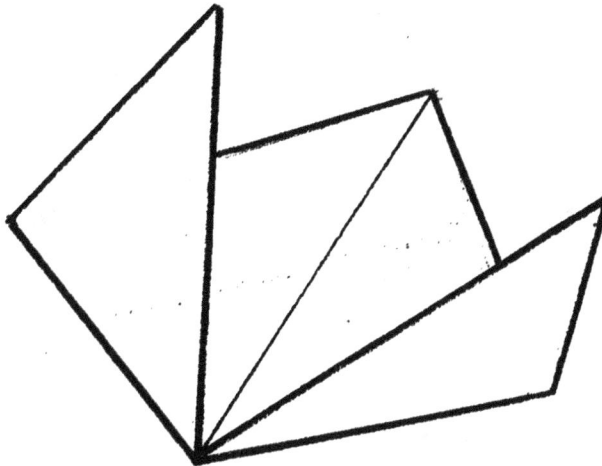

Vogel aus buntem Faltpapier

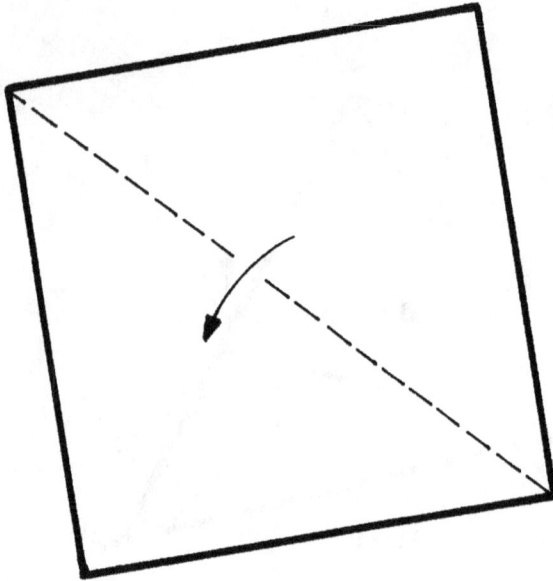

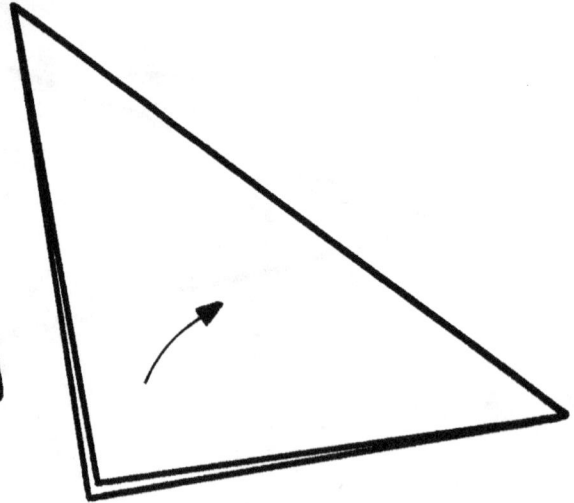

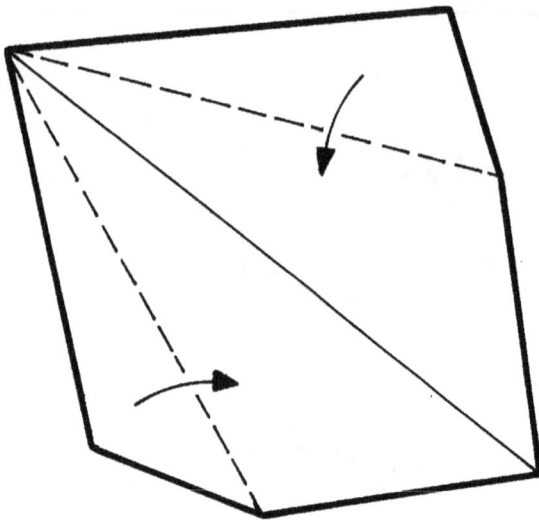

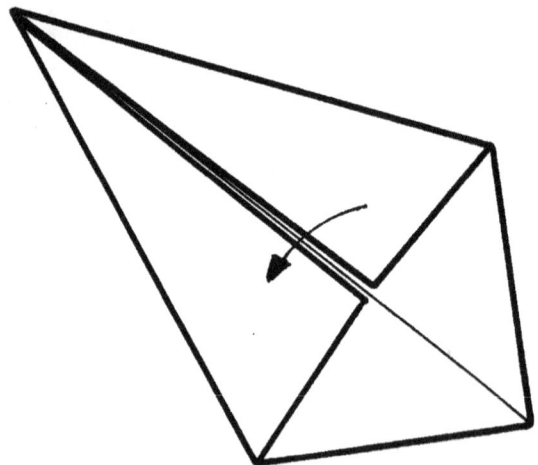

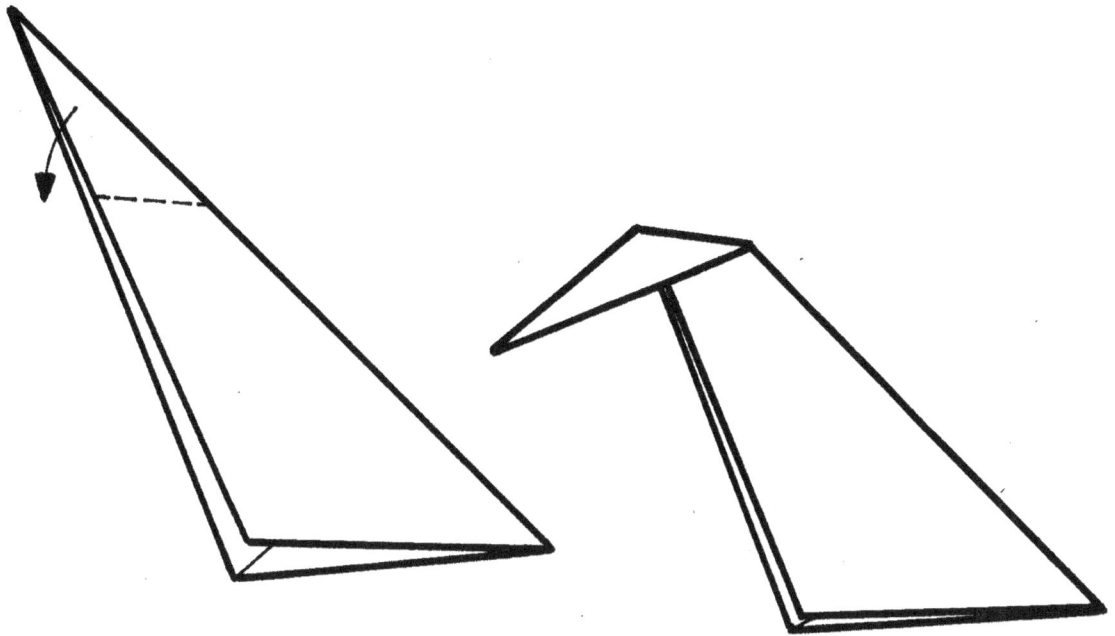

Lieder

Zwerge im grünen Wald (Zwergenlied)

Text: Ralf Göpfert; Musik: Stephen Janetzko; CD "Früchte Früchte Früchte"
© Edition SEEBÄR-Musik Stephen Janetzko, www.kinderliederhits.de

Tempo: ca. 180

1. Hin-ter all den grü-nen Bäu-men, ja, da le-ben sie, ho, ho. Seh sie la-chen, seh sie träu-men, sind sie doch des Le-bens froh. Ja, die Zwer-ge, die-se klei-nen, lu-sti-ge Leut-chen sind es gar. Von de-nen eu-re El-tern mei-nen, die-se Ge-schich-ten sind nicht wahr. Ref.: Ho-la - hi - Zwer-ge, Zwer-ge, Zwer-ge-lein, auch ich tanz gern im Son - nen, Son - nen, Son - nen - schein.

2. Doch ich kann es euch versichern, ihr wisst es doch genau, ja, ja,
nicht nur im Traum hör ich sie kichern, will ich spielen, sind sie da.
Der grüne Wald ist ihr Zuhaus, ihr Häuslein steht am Wiesenrain;
aus kleinen Fenstern schauen sie raus und genießen wie du den Sonnenschein. (Refrain)

3. Sie sind gar lustig anzusehn mit ihren Zipfelmützen;
sie lieben sie, ihr müsst verstehn, sind ihnen auch von Nützen.
Denn wenn es regnet oder schneit, egal bei welchem Wetter,
sie sind immer hocherfreut, diese Mützen sind echt clever. (Refrain)

Riesen und Zwerge

Text: Constanze Grüger mit Stephen Janetzko; Musik: Stephen Janetzko; CD "Blubb, blubb, blubb macht der Fisch" © Edition SEEBÄR-Musik Stephen Janetzko, www.kinderliederhits.de

Tempo: ca. 168

Refrain: Rie-sen gehn mit Rie-sen-schrit-ten, Rie-sen kom-men schnell vo-ran. Zwer-ge ma-chen Tip-pel-schrit-te, kom-men ganz ge-nau so an. 1. Rie-sen kom-men hoch hi-naus, hoch hi-naus, hoch hi-naus. Zwer-ge sind flink wie `ne Maus, ei-ne Maus, ei-ne Maus.

Refrain: Riesen gehn mit Riesenschritten...

2. Riesen steigen über Pfützen, über Pfützen, über Pfützen.
Zwerge wackeln mit den Mützen, mit den Mützen, mit den Mützen.

Refrain: Riesen gehn mit Riesenschritten...

3. Riesen können ganz laut trampeln, ganz laut trampeln, ganz laut trampeln.
Zwerge können dafür hampeln, dafür hampeln, dafür hampeln.

Refrain: Riesen gehn mit Riesenschritten...

4. Riesen können rückwärts gehen, rückwärts gehen, rückwärts gehen.
Zwerge können sich gut drehen, sich gut drehen, sich gut drehen.

Refrain: Riesen gehn mit Riesenschritten...

5. Riesen schlafen überall ein, überall ein, überall ein.
Zwerge wolln in Höhlen rein, Höhlen rein, Höhlen rein.

Gute Nacht! (*schnarch*schnarch*)

Spielanregung: Die Bewegungen ergeben sich gut aus dem Text.
Im Refrain wieder frei durch den Raum und die Strophen am Platz.

Kleine süße Elfe (Das Elfenlied)
- Elfen, Feen und Zwerge -

Text: Ralf Göpfert; Musik: Stephen Janetzko; CD "Seeräuber Wackelzahn"
© Edition SEEBÄR-Musik Stephen Janetzko, www.kinderliederhits.de

Tempo: ca. 180

1. Klei-ne, klei-ne sü-ße El-fe, ich hab dich ja so gern! Komm
auch zu dir und hel-fe, wenn drau-ßen leuch-ten die Stern. Wir tan-zen dann im
e-wig bei dir

Rei-gen zur sü-ßen Me-lo-dei, könnt Refrain: El-fen, Feen und Zwer-ge,
blei-ben, ju-che, ju-cho, ju- chei. El-fen, Feen und Zwer-ge,

klein, wie sie sind, tan-zen, tan-zen, tan-zen - tan-zen wie der Wind!
klein, wie sie sind,

tan-zen, tan-zen, tan-zen, tan-zen, tan-zen wie der Wind!

2. Und morgens, wenn der Tau noch frisch, sieht man sie schon tanzen
auf dem grünen Wiesentisch zwischen all den Pflanzen.
Jedes Kind, das kann sie sehn, und nicht nur im Träume,
wenn sie tanzen wunderschön im Reigen um den Baume.

Refrain: Elfen, Feen und Zwerge...

3. So lieblich seid ihr anzuschaun in eurem weißen Kleid.
Ich hab euch lieb und im Vertraun: Ich weiß, wo ihr zu finden seid.
Und wenn ich dann erwachsen bin, das kann ich euch versprechen,
schau ich noch viel genauer hin, um euch schnell zu entdecken.

Refrain: Elfen, Feen und Zwerge...

Wir sind deine Freunde

Text: Sabine Lenz; Musik: Stephen Janetzko;
© Edition SEEBÄR-Musik Stephen Janetzko, www.kinderliederhits.de

Tempo: ca. 180

Wir sind dei-ne Freun-de und im-mer für dich da. Bist du auch mal
Wir sind dei-ne Freun-de und im-mer für dich da.

mut-los, wir kom-men, das ist klar. Wir sind dei-ne Freun-de und im-mer für dich

da. Wir stär-ken dich, das gibt dir Kraft, das wer-den al-le se - hen.

Hoch am Him-mel ist schon bald dei-ne Son-nen-kraft zu se - hen.
Hoch am Him-mel ist schon bald dei-ne Son-nen-kraft zu se - hen.

Liedhinweis:
Ein Lied aus dem Buch "Matilda und die Kraft der Sonne"
von Sabine Lenz (mit Liedern von Stephen Janetzko).

Alternativ kann die letzte Zeile auch wie folgt lauten:
Denn gemeinsam lachen wir, weil wir uns so gut verstehen.
Denn gemeinsam lachen wir, weil wir uns so gut verstehen.

Oder macht mehrere Strophen draus:
Denn gemeinsam klatschen wir, stampfen, patschen, schnippen...

Mein bester Freund, mein Engel (Mein Engellied)

Text: Christa Baumann; Musik: Stephen Janetzko; CD "Früchte, Früchte, Früchte"
© Edition SEEBÄR-Musik Stephen Janetzko, www.kinderliederhits.de

Tempo: ca. 148

1. Er-wa-che ich am Mor-gen früh, dann kann ich si-cher sein, mein En-gel, der ist stets bei mir und lässt mich nie al - lein. Mein En-gel, der ist stets bei mir und lässt mich nie al - lein. Refrain: Mein bes-ter Freund, mein En-gel, ist im-mer für mich da. Mein bes - ter Freund, mein bes - ter Freund, mein En - gel!

2. Ich fühle manchmal einen Hauch,
der streicht mir übers Haar.
Dann halte ich beim Spielen ein
und weiß, du bist mir nah.

Refrain: Mein bester Freund, mein Engel....

3. Ob Regen oder Sonnenschein,
ob nah, unendlich weit,
begleitest du mich Tag für Tag
und gibst mir Sicherheit.

Refrain: Mein bester Freund, mein Engel....

4. Lieg abends ich in meinem Bett,
dann fühle ich es sacht:
dein Flügel streichelt mein Gesicht,
sagt leise "Gute Nacht".

Refrain: Mein bester Freund, mein Engel....

Christa Baumann

Christa Baumann ist Erzieherin, verheiratet und hat zwei Söhne.
Sie steht seit vielen Jahren in der Krippen-, Kindergarten- und Sprachheilkindergartenarbeit.
2005 erschien ihr erstes Buch „Kommt mit ins Mittelalter". Dem folgten Bücher zu verschiedenen Themen und unterschiedlichen Schwerpunkten für Erzieherinnen und Eltern.

Stephen Janetzko

Mit einer 20-minütigen MC „Der Seebär" fing alles an, heute sind es weit über 600 Kinderlieder, die der gebürtige Hagener Liedermacher bereits auf über 50 CDs und in zahllosen Liedsammlungen veröffentlicht hat. Viele davon, wie „Hallo und guten Morgen", „Wir wollen uns begrüßen", „Augen Ohren Nase", „Das Lied von der Raupe Nimmersatt", „Hand in Hand" oder „In meiner Bi-Ba-Badewanne", werden heute gesungen in Kindergärten, Schulen und überall, wo Kinder sind.

In derselben Art und Aufmachung bereits in dieser Faltbuch-Reihe erschienen:

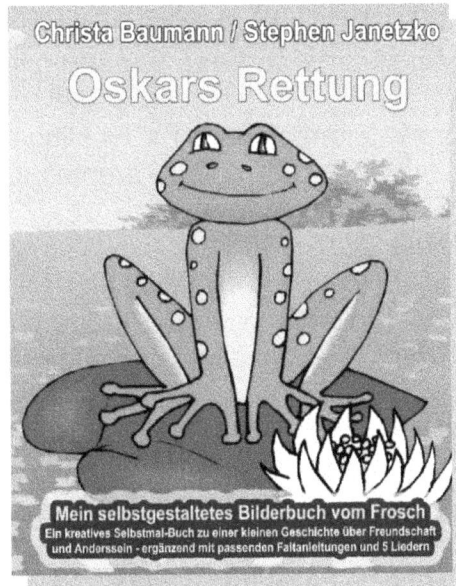

Oskars Rettung - Mein selbstgestaltetes Bilderbuch vom Frosch: Ein kreatives Selbstmal-Buch zu einer kleinen Geschichte über Freundschaft und Anderssein - ergänzend mit passenden Faltanleitungen und 5 Liedern, Verlag Stephen Janetzko, Erlangen 2015, ISBN-13: 978-395722-089-9

Bereits erschienen von Christa Baumann:

Oskars Rettung - Mein selbstgestaltetes Bilderbuch vom Frosch: Ein kreatives Selbstmal-Buch zu einer kleinen Geschichte über Freundschaft und Anderssein - ergänzend mit passenden Faltanleitungen und 5 Liedern, Verlag Stephen Janetzko, Erlangen 2015, ISBN-13: 978-395722-089-9

Stark wie ein Baum - Das große Mitmach-Buch für Frühling und Ostern:
Mit über 30 einfachen Liedern, vielen Kreativideen, Rezepten, Geschichten und tollen Frühlings-Aktionen - auch zum Muttertag,
Verlag Stephen Janetzko, Erlangen 2015, ISBN-13: 978-3-95722-088-2

Früchte Früchte Früchte - Das große Mitmach-Buch rund um Früchte, Kräuter, Nüsse, Gemüse, Bio-Essen, Rohkost, Natur, Tiere und starke Kinder: Mit 30 einfachen Liedern, Kreativideen, Rezepten, Geschichten und vielem mehr
Verlag Stephen Janetzko, Erlangen 2015, 978-3-95722-052-3

Weiße Flocken überall- Das Lieder- Spiele- Mitmach-Buch für Winter und Schnee: 15 Lieder, Kreativideen, ein Geburtstags- Jahreskalender, Spiele im Schnee, Rezepte und Experimente für die Zeit der Schneemänner und Schneeflocken
Verlag Stephen Janetzko, Erlangen 2014, 978-3-95722-075-2

Weihnachtsfeier und Krippenspiel - Das Lieder- Spiele- Mitmach- Buch für die Zeit kurz vor Heiligabend: 15 Lieder, weihnachtlich Kreatives, Spielideen, Experimente und Rezepte rund um die Weihnachtsgeschichte und die Heilige Nacht.
Verlag Stephen Janetzko, Erlangen 2014, 978-3-95722-074-5

Der Advent ist da - Das Lieder- Spiele- Mitmach- Buch für die Kerzenzeit: 15 Lieder, Kreatives, Ideen, Experimente, Rezepte und tolle Mitmach-Aktionen rund um Kerzen, Engel, Sterne und Adventskalender
Verlag Stephen Janetzko, Erlangen 2014, ISBN 978-3-95722-073-8

Nikolaus - Das Lieder- Spiele- Mitmach- Buch für den 6. Dezember: 15 Lieder rund um den Nikolaustag, Kreatives, Ideen für die Nikolausfeier, Rezepte, Nikolauslegenden und tolle Mitmach-Aktionen
Verlag Stephen Janetzko, Erlangen 2014
ISBN 978-3-95722-072-1

Und wieder brennt die Kerze - Das große Mitmach-Buch für Advent und Weihnachten:
Mit 25 einfachen Liedern, Kreativideen, Rezepten, Geschichten und tollen Winter-Aktionen
Verlag Stephen Janetzko, Erlangen 2014
ISBN 978-3-95722-068-4

Ein bisschen so wie Martin - Das große Kindergarten-Buch für Herbst und Sankt Martin: Mit 25 bekannten und neuen Liedern fürs Laternenfest, vielen Geschichten von Elke Bräunling und tollen Herbst-Aktionen
Verlag Stephen Janetzko, Erlangen 2014, ISBN 978-3-95722-064-6

Indianer - Das große Lieder-Geschichten-Spiele-Bastelbuch.
Singen, reiten, kochen, erzählen, tanzen, feiern, trommeln und kreativ sein mit vielen tollen und einfachen Indianer-Aktionen für Kinder
Mit vielen Liedern von Stephen Janetzko und Geschichten von Rolf Krenzer
Verlag Stephen Janetzko, Erlangen 2014, ISBN 978-3-95722-060-8

Mit Ritualen durch den Tag, Ideen und Spiele für die Praxis mit Kindern von O bis 3 Jahren, Hase und Igel Verlag, Garching 2014
ISBN 978-3-8676-0898-5

Winterzeit im Kindergarten
Mellinger Verlag, Edition Dreieck, Stuttgart 2013
ISBN 978-3-8806-9766-9

Mein Jahr in Gottes schöner Welt: Bastelideen, Lieder, Spiele und Geschichten für jede Jahreszeit, Neukirchener Verlagshaus, Neukirchen-Vluyn 2013
ISBN 978-3-7615-6007-5

Blitzschnelle Ideen für den Stuhlkreis: Über 140 Fingerspiele, Lieder, Bewegungsimpulse, Klanggeschichten, Rätsel und Fantasiereisen als Pausenfüller, Morgenritual und Abschluss Ökotopia Verlag, Münster 2013
ISBN 978-3-86702-209-5
   (zweite Auflage ebenfalls 2013, dritte Auflage 2014)

Engeladvent im Kindergarten - Die schönsten Ideen zum Spielen, Basteln und Musik machen, Don Bosco Medien, München 2010
ISBN 978-3-7698-1841-3
   (erschienen auch in portugiesischer Sprache)

Kommt mit nach draußen! Vielfalt im Außenspiel
Dreieck Verlag, Wiltingen 2010, ISBN 978-3-929394-55-9

Spuren des Glaubens legen: Rituale im Familienalltag
Neukirchener Verlagshaus, Neukirchen-Vluyn 2010, ISBN: 978-3-7615-5757-0

Jesus, Bartimäus, Zachäus & Co: 12 Gestaltungsentwürfe zu biblischen Geschichten
Neukirchener Verlagshaus, Neukirchen-Vluyn 2009, ISBN 978-3-7975-0212-41

... mehr Info, mehr CDs, mehr Lieder & Noten:
www.kinderliederhits.de

Unser Tipp....

- Christina Klenz:
Gute Nacht, flüstert die Elfe: Eine zauberhafte Einschlafgeschichte mit Fantasiereise -
ISBN 978-3-95722-077-6

(auch auf CD erhältlich)

Raum für den Künstler -
hier kannst du dich selbst malen oder ein Bild von dir einkleben:

www.kinderliederhits.de

www.ingramcontent.com/pod-product-compliance
Lightning Source LLC
Chambersburg PA
CBHW080533030426
42337CB00023B/4719